Helene Ludwig

Schutzengel

aus Tontöpfen

im Material-Mix

Gute Fahrt

(Abbildung Titel und Seite 3)

Bemalen Sie den Tontopf in Blau und malen Sie Streifen und Zahl in Hellblau auf. Die Holzkugel mit der aufgeklebten Nase bemalen Sie mit Hautfarbe. Anschließend lackieren Sie beide Teile. Nach dem Trocknen malen Sie das Gesicht auf. Jetzt bauen Sie den Engel laut Basisanleitung zusammen. Bemalen Sie die Schuhe rot und setzen Sie weiße Streifen auf. Für die Schnürsenkel malen Sie mit Plusterfarbe Kreuze auf und lassen sie über Nacht trocknen. Befestigen Sie die Schuhe am Figurendraht. Schneiden Sie das Stück Filz für die Fahne aus und beschriften Sie es. Die Fahnenstange mit einem Tropfen Heißkleber an der Handinnenfläche befestigen und dann die Hand auf den Tontopf kleben. Den Filz an der Fahnenstange befestigen. Das Auto kleben Sie ebenfalls am Tontopf fest und legen den Arm darum. Den Biegeplüsch in 25 cm große Stücke schneiden und um ein Holzstäbchen wickeln. So erhalten Sie spiralförmige Locken. Die Locken in die Kopföffnung stecken und festkleben. Jetzt bekommt der Engel noch seinen Heiligenschein und die Flügel angeklebt.

Material

- Acrylfarbe in Hautfarbe, Blau, Hellblau, Rot und Weiß
- **Körper:** Tontopf, ø 11 cm
- **Kopf:** Holzkugel, ø 70 mm
- **Nase:** Holzhalbkugel, ø 15 mm
- **Hände:** aus Holz, 32 mm groß
- **Füße:** Holzschuhe, 48 mm groß
- **Arme:** Kordel, ø 6 mm, 25 cm lang
- **Beine:** Figurendraht, ø 6 mm, 40 cm lang
- **Haare:** Biegeplüsch in Beige
- **Engelsflügel:** Alublech in Silber
- **Heiligenschein:** Aludraht
- **Accessoires:**
  Spielzeugauto
  Filz in Rot, 5 cm x 20 cm
  Drahtstück für Fahnenstange, 14 cm lang
  Plusterfarbe in Weiß

Vorlagenbogen A

Fotos: frechverlag GmbH, 70499 Stuttgart;
Fotostudio Ullrich & Co., Renningen

Dieses Buch enthält:
1 Vorlagenbogen

Auflage: 5. 4. 3. 2. 1. | Letzte Zahlen
Jahr: 2007 2006 2005 2004 2003 | maßgebend

frechverlag GmbH, 70499 Stuttgart
Druck: frechdruck GmbH, 70499 Stuttgart

ISBN 3-7724-3162-3 · Best.-Nr. 3162

Immer wieder

hört man wunderbare Geschichten, in denen Menschen einen Engel gesehen haben. Endlich können auch Sie Ihren persönlichen Schutzengel sehen, ihn in die Hand nehmen, nett in der Wohnung, am Arbeitsplatz oder im Auto dekorieren. Und vielleicht halten Sie sogar von Zeit zu Zeit einen kleinen Plausch mit Ihrem Engel.
Schützend halten die Schutzengel ihre Flügel über den Sportler, den Autofahrer, wünschen Glück für eine schwierige Prüfung oder heißen einen neuen Erdenbürger willkommen.
In diesem Buch finden Sie für fast jeden Anlass einen passenden Schutzengel. Verschenken Sie ganz persönliche Schutzengel an liebe Menschen.

Das besondere Geschenk, das von Herzen kommt.

Viel Spaß beim
Basteln und
Verschenken

wünscht

Helene Ludwig

Materialien und Werkzeuge

Folgende Werkzeuge und Hilfsmittel sollten Sie zur Hand haben. Sie werden bei den einzelnen Motiven nicht gesondert aufgeführt:

- Pinsel
- Feiner wasserfester Filzstift in Schwarz
- Weicher Bleistift
- Heißklebepistole
- Bastelkleber
- Holzkugel mit Bohrung als Montagekugel (s. Abb.)
- Zur Montage Eisendraht, ø 1,0 mm, Schnur oder Kordel
- Wattestäbchen
- Zahnstocher
- Nadel und Faden
- Seidenmattlack
- Hochglanzlack

Basisanleitung für alle Schutzengel

1. Draht – Öse biegen → Zum Einhängen der Beine oder nur als Arretierung.

2. Montagekugel auffädeln. Wenn nötig, Beine einhängen.

3. Topf auffädeln.

Lackieren

Alle Töpfe und Holzkugeln, die Sie mit Acrylfarbe bemalen, sollten lackiert werden, da die mit Acrylfarbe bemalte Oberfläche matt und etwas rau bleibt und deshalb anfällig für Abschürfungen und Fingerabdrücke ist. Besonders geeignet ist Seidenmattlack, der auf der Oberfläche einen leichten Glanz erzeugt. Sie können aber auch Hochglanzlack oder Mattlack verwenden. Ein Lack auf Wasserbasis ist übrigens völlig ausreichend. Wenn Sie Ihren Schutzengel draußen aufhängen wollen, sollten Sie einen wetterfesten Lack verwenden. Tontöpfe müssen Sie dann jedoch auch innen lackieren. Ton nimmt sonst nämlich Feuchtigkeit auf und kann bei Temperaturschwankungen springen.

Tipp
Schöne Effekte erzielen Sie, wenn Sie z. B. alle Teile mit Seidenmattlack lackieren, aber einzelne Teile mit Hochglanzlack absetzen.

Krakelierlack

Sie benötigen zwei Farben und den Krakelierlack. Zunächst grundieren Sie mit einer der Farben und lassen die Farbe trocknen. Dann tragen Sie den Krakelierlack auf die Fläche auf und lassen sie mehrere Stunden trocknen. Auf den trockenen Krakelierlack malen Sie die zweite Farbe. Der Krakelierlack

3a. Wenn nötig, jetzt Arme anbinden oder aufkleben, gegebenenfalls Kragen auffädeln.

4. Kopf auffädeln.

5. Öse zum Aufhängen biegen (groß genug, damit die Öse nicht in die Kugel rutschen kann). In das Loch der Kugel das Haarteil kleben oder eine andere Kopfbedeckung aufkleben (Aufhängung durchstechen).

lässt diese zweite Farbe beim Trocknen reißen. In den Rissen wird die erste Farbe sichtbar. Achten Sie darauf, dass Sie die zweite Farbe zügig in eine Richtung auftragen. Wenn Sie über eine Stelle mehrfach streichen, decken Sie nämlich die bereits entstandenen Risse wieder zu und der Krakeliereffekt kommt nicht zum Vorschein.

Schwammtechnik

Grundieren Sie die Fläche mit einer Farbe. Tauchen Sie einen Schwamm in diese Farbe und in eine zweite, auf die Grundfarbe abgestimmte Farbe oder in Weiß. Mit dem Schwamm betupfen Sie nun die Fläche. Holen Sie immer wieder Farbe nach, bis Sie mit dem Ergebnis zufrieden sind. Eine einfache Technik, die Flächen lebendiger wirken lässt.

Serviettentechnik

Schneiden Sie das gewünschte Motiv aus. Nur die obere bedruckte Lage wird verwendet. Tragen Sie Serviettenlack an gewünschter Stelle auf. Legen Sie darauf das Motiv und drücken Sie es vorsichtig mit einem Pinsel an. Nach dem Trocknen tragen Sie eine weitere Schicht Lack auf.

Muster

Punkte auf der Kleidung, aber auch Lichtpunkte in den Augen erhalten Sie, indem Sie einen Zahnstocher oder die Spitze des Pinselstiels verwenden. Die Spitze in die Farbe tauchen und den gewünschten Punkt auftupfen. Wenn die Farbe Kontakt mit der Fläche hat, ziehen Sie die Spitze sofort wieder zurück.
Tupfen können Sie ganz einfach machen, indem Sie ein Wattestäbchen zum Aufbringen der Farbe benutzen.
Keine Angst vor Bildern, die Sie selbst malen müssen. Sie können die Umrisse mit einem weichen Bleistift vorzeichnen. Bleistiftstriche können Sie ausradieren oder mit Farbe übermalen.

Pinsel

Sie benötigen auf jeden Fall einen Flachpinsel zur Grundierung von Töpfen und Köpfen. Zum Aufmalen von größeren Mustern verwenden Sie einen Rundpinsel in Größe 6. Für kleine Details eignet sich ein sehr feiner Pinsel.

Tipp

Naturhaarpinsel immer mit Wasser und etwas Kernseife reinigen. Wenn Sie alle Farbe ausgewaschen haben, den Pinsel noch einmal über das Seifenstück ziehen, in Form bringen und den Pinsel mit der Seife darin aufbewahren. Die Kernseife wirkt rückfettend, die Pinselhaare werden nicht brüchig.

Klebstoffe

Für das Aufkleben von größeren Dekoteilen und das Aufeinanderkleben von Tontöpfen sollten Sie eine Heißklebepistole benutzen. Eine preiswerte Heißklebepistole ist hierfür völlig ausreichend. Aufzuklebende Teile halten in kürzester Zeit völlig problemlos. Für Filz, Flügel aus Faserseide und andere dünne oder leichtere Materialien verwenden Sie Bastelkleber. Er trocknet schnell und wird transparent.

Gesichter

Wichtig ist zunächst, dass Sie die Holzkugel, egal ob Sie mit Hautfarbe grundiert wurde oder nicht, mit Seidenmattlack lackieren. Nach dem vollständigen Trocknen (Sie können auch mit einem Föhn nachhelfen) können Sie das Gesicht mit einem schwarzen, wasserfesten Stift aufmalen.

Bei „erwachsenen" Gesichtern malen Sie zunächst die Nase in die Mitte, Mund und Augen werden darum angeordnet. Bei Babygesichtern oder wenn Ihr Schutzengel besonders niedlich aussehen soll, malen Sie die Augen genau auf die Mittellinie und die Nase darunter. Das Wangenrouge malen Sie mit Kosmetikpuder oder mit einem Wattestäbchen. Tauchen Sie dafür das Wattestäbchen in rote Farbe, danach auf einem Stück Papier solange ausstreichen, bis die Watte kaum noch Farbe abgibt und dann damit die Wangen einfärben.

Tipp

Soll der Schutzengel nach oben schauen, die Kugel auf einen Stab stecken, schräg halten und das Gesicht gerade aufmalen.

Haare

Hüte und Langhaarplüsch kleben Sie einfach auf. Haarbüschel fassen Sie mit einem Stück Draht zusammen und befestigen sie mit einem Tropfen Kleber im Loch der Holzkugel.

Schleifen binden

Band zu einer Schleife legen und in der Mitte mit dünnem Draht umwickeln. Die fertige Schleife ankleben.

Heiligenschein

Aus Aludraht einen „Heiligenschein" formen und im Loch der Holzkugel befestigen.

Für den Gärtner

Material

- Acrylfarbe in Hautfarbe, Grün, Weiß und Blau
- **Körper:** Tontopf, ø 7 cm
- **Kopf:** Holzkugel, ø 45 mm mit Bohrung
- **Haare:** Naturbast
- **Engelsflügel:** Alublech
- **Heiligenschein:** Aludraht
- **Aufhängung:** Satinband in Blau, ø 3 mm
- **Accessoires:**
  Schildmütze
  versch. Gartenteile (s. Abb.)
  dicker Aludraht für die Gartenteile, 50 cm lang
  Filz für die Brusttasche 3,5 cm x 3 cm
  Karoband, 40 mm breit, 20 cm lang

Vorlagenbogen A

Bemalen Sie den Tontopf mit grüner und weißer Acrylfarbe. Die Schrift auf dem Topfrand malen Sie in Blau. Kleben Sie als Tasche das Filzstück an den Rändern auf, wobei der obere Rand 1 cm umgeknickt und ebenfalls festgeklebt wird. Die Holzkugel bemalen Sie zunächst mit Hautfarbe, lackieren sie mit Seidenmattlack und zeichnen darauf das Gesicht. Das Gesicht wird hier schräg aufgemalt (s. S. 6). Naturbast zu einem Büschel zusammenfassen und mit Draht binden. Als Haare zusammen mit der Mütze auf den Kopf kleben. Dann können Sie Kopf und Tontopf laut Basisanleitung montieren. Biegen Sie für die Gartenteile den dicken Draht entsprechend der Abbildung. Den Draht im Tontopfrand befestigen und die verschiedenen Dekoteile, wie z. B. Sonnenblume, Möhre, Marienkäfer, etc. aufkleben. Um den Hals bekommt der Gärtner noch ein Karoband gebunden. Den Flügel schneiden Sie aus Alublech aus und kleben ihn auf die Rückseite. Dann verpassen Sie dem Garten-Engel noch einen Heiligenschein.

Biker's Schutzengel

Lackieren Sie den Glockentopf für den Biker zunächst mit Dunkelblau. Anschließend den Krakelierlack auftragen. Nach vollständigem Trocknen tragen Sie die hellblaue Farbe auf. Lesen Sie zur Technik des Krakelierens auch auf Seite 4f. nach. Für den Kopf grundieren Sie zunächst großzügig das Gesichtsfeld. Danach malen Sie den Helm in Dunkelblau. Dann die gesamte Kugel mit Hochglanzlack lackieren. Nach dem Trocknen können Sie das Gesicht aufmalen. Schließlich bedecken Sie das gesamte Visier mit 3-D-Lack. Mit dem Föhn trocknen Sie die Oberfläche an. Aber vorsichtig: Wenn Sie mit dem Föhn nicht genügend Abstand halten, wird der Lack zu heiß und bildet Blasen. Das Antrocknen ist aber wichtig, damit die Masse nicht ins Rutschen gerät. Innerhalb von 24 Stunden wird der 3-D-Lack völlig transparent. Jetzt können Sie den Helm noch beschriften oder bemalen. Bauen Sie den Engel gemäß der Basisanleitung zusammen. Das Motorrad kleben Sie mit Heißkleber auf den Topf. Die Hände bemalen und wie abgebildet ankleben. An den Enden des Filzes Fransen einschneiden und den fertigen Schal um den Hals wickeln und festkleben. Zum Schluss Flügel und Heiligenschein anbringen.

Die beiden kleinen Schutzengel arbeiten Sie Schritt für Schritt genauso. Für das Herzblatt den Topf mit Dunkelblau bemalen. Den Tontopf für den Lausbuben bemalen Sie mit Blau und Rot. Den Draht für die Engelshaare und die Aufhängung für das Filzherz wickeln Sie um ein Holzstäbchen, so erhalten Sie nach dem Abziehen spiralförmige Rundungen. Die Haare und den Heiligenschein kleben Sie in die Bohrung der Holzkugel.

Material

- Acrylfarbe in Hautfarbe, Blau, Hellblau, und Rot

Biker

- 3-D-Lack, transparent für das Visier
- Krakelierlack
- Hochglanzlack
- **Körper:** Glockentopf, ø 11 cm
- **Kopf:** Holzkugel, ø 70 mm mit Bohrung
- **Hände:** aus Holz, 32 mm groß
- **Arme:** Biegeplüsch in Blau
- **Engelsflügel:** Alublech
- **Heiligenschein:** Aludraht
- **Aufhängung:** Kordel in Dunkelblau
- **Accessoires:**
  Spielzeugmotorrad
  Filz in Rot, 5 cm x 30 cm

Schutzengel Lausbube

- **Körper:** Tontopf, ø 6 cm
- **Kopf:** Holzkugel, ø 35 mm mit Bohrung
- **Hände:** 2 Holzkugeln, ø 15 mm mit Bohrung
- **Füße:** 2 Holzkugeln, ø 20 mm mit Bohrung
- **Arme:** Jutegarn, natur, ø 2,5 mm, 20 cm lang
- **Beine:** Jutegarn, natur, ø 2,5 mm, 25 cm lang
- **Engelsflügel:** Tonkarton in Blau
- **Accessoires:**
  Schildmütze in Rot
  Filz in Rot, 1,5 cm x 20 cm

Schutzengel Herzblatt

- **Körper:** Tontopf, ø 5 cm
- **Kopf:** Holzkugel, ø 30 mm mit Bohrung
- **Hände:** 2 Holzkugeln, ø 13 mm mit Bohrung
- **Füße:** 2 Holzkugeln, ø 15 mm mit Bohrung
- **Arme:** Jutegarn, natur, ø 2,5 mm, 20 cm lang
- **Beine:** Jutegarn, natur, ø 2,5 mm, 25 cm lang
- **Haare:** Aludraht
- **Engelsflügel:** Faserseide in Hellblau
- **Accessoires:**
  Filz in Rot
  Aludraht für Herzaufhängung

Vorlagenbogen A

Dr. Engel

Den Tontopf bemalen Sie mit Weiß. Darauf kleben Sie nach dem Lackieren ein rotes Kreuz aus Filz. Dazu schneiden Sie zwei Streifen mit 8 mm x 25 mm zu und legen sie als Kreuz übereinander. Den Topfrand mit wasserfestem Filzstift beschriften: „Dr. Engel, Schutz – Im Einsatz für deine Gesundheit!" Die Holzkugel für den Kopf bemalen Sie mit Hautfarbe und malen nach dem Lackieren das Gesicht auf. Bauen Sie nach der Basisanleitung den Engel zusammen. Schneiden Sie einige 8 cm lange Stücke Jutegarn ab und dröseln Sie sie auf. Diese binden Sie mit einer Schnur zu einem Büschel und kleben es am Kopf fest. Befestigen Sie die Einwegspritze leicht aufgezogen an den Händen des Engels. Am Rücken des Engels kleben Sie die laut Vorlagenbogen ausgeschnittenen Flügel fest.

Material

- Acrylfarbe in Hautfarbe und Weiß
- **Körper:** Tontopf, ø 5 cm
- **Kopf:** Holzkugel, ø 35 mm mit Bohrung
- **Hände:** aus Holz, 18 mm groß
- **Füße:** 2 Holzkugeln, ø 18 mm mit Bohrung
- **Arme:** Biegeplüsch in Weiß, 15 cm lang
- **Beine:** Biegeplüsch in Weiß, 20 cm lang
- **Haare:** Jutegarn, natur, ø 2,5 mm
- **Engelsflügel:** Faserseide in Weiß
- **Accessoires:** Einwegspritze Filz in Rot

Vorlagenbogen A

Tipp

Eine Einwegspritze können Sie in der Apotheke kaufen!

Ein Engel für Oskar!

Bemalen Sie die Holzkugel mit Hautfarbe, lackieren Sie sie und malen Sie nach dem Trocknen das Gesicht auf. Den Tontopf bemalen Sie mit Rostrot und gestalten mit Wattestäbchen und Zahnstocher Pfotenabdrücke in Hellbeige (s. S. 5). Am Topfrand kleben Sie ein Stück Karoband fest. Den Rest des Karobandes legen Sie in eine Schleife, umwickeln die Schleife mit einer Schnur und kleben sie am Tontopf mit der Heißklebepistole fest. Den Hund kleben Sie im Körbchen an und bauen den Engel laut Basisanleitung zusammen. Dabei das Körbchen mit einer Schnur an der Öse festbinden. Als Haare kleben Sie den zurechtgeschnittenen Bast im Loch der Kopfkugel fest. Um den Hals bekommt der Schutzengel ein Schild (4,5 cm x 2,5 cm) mit dem Namen Ihres Lieblings, das Sie an einem gebogenen Eisendraht befestigen. Aus etwas dickerem Eisendraht biegen Sie den Heiligenschein und stecken ihn im Loch des Kopfes fest. Auf den Rücken des Engels die Flügel kleben.

Tipp

Über dem Schlafplatz hängend, bewacht der Engel den Schlaf Ihres Lieblings.

Material

- Acrylfarbe in Hautfarbe, Hellbeige und Rostrot
- **Körper:** Tontopf, ø 5 cm
- **Kopf:** Holzkugel, ø 35 mm mit Bohrung
- **Haare:** Naturbast
- **Engelsflügel:** Naturpapier
- **Heiligenschein:** Eisendraht
- **Accessoires:**
  Karoband Rostrot/Beige, 10 mm breit, 50 cm lang
  Tonkarton in Hellbeige
  Wickeldraht
  Spielzeughund
  Körbchen

Vorlagenbogen A

Dankeschön!

Grundieren Sie den Tontopf in Dunkellila. Nach dem Trocknen können Sie die Blümchen mit Orange und Hellila auf den Topf malen. Das geht ganz einfach, indem Sie ein Wattestäbchen in die Farbe eintauchen und dann die Blütenfarbe aufdrücken. Die Holzkugel zunächst mit Hautfarbe bemalen und nach dem Trocknen mit Seidenmattlack lackieren. Nach erneutem Trocknen können Sie das Gesicht aufmalen. Schneiden Sie die Schilder für „Schutzengel" (6 cm x 2,5 cm) und „Herzlichen Dank" (3,5 cm x 5,5 cm) zurecht und beschriften Sie sie. Zum Ausschneiden können Sie dafür eine Konturenschere benützen. Jetzt können Sie den Engel, wie in der Basisanleitung beschrieben, zusammenbauen. Danach kleben Sie die Haare kreisförmig am Kopf an und befestigen die Aludrähte für die Flausen. Mit Kleber befestigen Sie die aus Tonkarton ausgeschnittenen Herzen und die Satinblüte. Zum Schluss kleben Sie die Schilder am Topf und der Aufhängung fest. Den aus Faserseide ausgeschnittenen Flügel kleben Sie auf der Rückseite des Tontopfes fest.

Material

- Acrylfarbe in Hautfarbe, Dunkellila, Helllila und Orange
- **Körper:** Tontopf, ø 5 cm
- **Kopf:** Holzkugel, ø 40 mm mit Bohrung
- **Hände:** 2 Holzkugeln, ø 15 mm mit Bohrung
- **Füße:** 2 Holzkugeln, ø 18 mm mit Bohrung
- **Arme:** Jutegarn, natur, ø 2,5 mm, 20 cm lang
- **Beine:** Jutegarn, natur, ø 3,5 mm, 25 cm lang
- **Haare:** Schlingenband in Rot/Orange, 50 cm lang
- **Engelsflügel:** Faserseide in Rot
- **Aufhängung:** Packschnur
- **Accessoires:**
  Satinblüte in Lila
  Aludraht für den Stängel, 14 cm lang
  Aludraht für die Flausen, 3 x 10 cm lang
  Tonkarton für die Herzen in Orange
  Tonkarton für die Schilder in Lila

Vorlagenbogen A

Tipp

Wickeln Sie den Aludraht um ein Holzstäbchen und ziehen Sie ihn vorsichtig ab. So entsteht die spiralförmige Biegung des Drahtes. Jetzt können Sie den Draht noch in die gewünschte Länge ziehen.

Material

- Acrylfarbe in Hautfarbe, Dunkelbraun, Hellbraun, Schwarz, Blau, Türkis, Weiß
- **Körper:** Glockentopf, ø 11 cm
- **Kopf:** Holzkugel, ø 50 mm mit Bohrung
- **Hände:** aus Holz, 25 mm groß
- **Füße:** aus Holz, 40 mm groß
- **Arme:** Figurendraht, ø 6 mm, 25 cm lang
- **Beine:** Figurendraht, ø 6 mm, 35 cm lang
- **Engelsflügel:** Transparentpapier in Weiß
- **Heiligenschein:** Aludraht
- **Accessoires:**
  3 Streichholzschachteln
  Filz in Schwarz
  Plusterfarbe in Silber
  Weltkugel
  Strohhut
  Taftband in Hellblau, 25 mm breit, 50 cm lang

Vorlagenbogen A

Tipp

Die Weltkugel ist ein umfunktionierter Bleistiftspitzer aus dem Spielwarenhandel. Sie können aber auch einfach eine Holzkugel Hellblau bemalen und die Kontinente in Grün in einfacher Form darauf malen.

Gute Reise!

Bemalen Sie Hände und Holzkugel mit Hautfarbe und lackieren Sie sie anschließend. Nach dem Trocknen können Sie das Gesicht aufmalen. Den Tontopf bemalen Sie mit Türkis, den Rand in einem helleren Farbton. Die Füße bemalen Sie mit Blau. Arme und Beine aus Figurendraht zur Hälfte biegen, zusammenbinden und in die Öse einhängen. Die bemalten Hände und Beine daran festkleben. Den Kopf vorne am Tontopf mit Heißkleber befestigen. Auf dem Kopf befestigen Sie den Strohhut und den Heiligenschein. Um den Hals das Taftband binden. Darauf steht: „Dein Schutzengel begleitet dich!". Die Koffer fertigen Sie folgendermaßen an: Blanko-Streichholzschachteln (im Bastelfachgeschäft erhältlich) bemalen Sie mit den jeweiligen Acrylfarben und lackieren sie dann mit Hochglanzlack. Die Kanten malen Sie mit einem schwarzen, wasserfesten Stift auf. Die Koffergriffe aus schwarzem Filz aufkleben. Aufkleber auf dem Koffer können Sie aufmalen oder auch kleine Sticker verwenden. Die Kofferschnallen mit Plusterfarbe aufmalen und über Nacht trocknen lassen. Die Koffer arrangieren Sie auf dem Topfboden und kleben sie mit der Heißklebepistole fest. Die Erdkugel zwischen die Hände des Engels kleben. Am Topfrand befestigen Sie die Flügel.

Ich fliege mit dir!

Bemalen Sie den Tontopf und die Schuhe in Blau. Die Holzkugel bemalen Sie mit Hautfarbe, lackieren sie und malen nach dem Trocknen das Gesicht auf. Setzen Sie den Engel laut Basisanleitung zusammen. Am Ende des Biegeplüschs befestigen Sie mit Kleber die Hände und Füße. Binden Sie das Jutegarn zu einem Büschel, wobei Sie vorne ein paar kurze Fransen als Pony abschneiden. Kleben Sie das Haarbüschel auf dem Kopf fest. In das Loch kleben Sie den Heiligenschein. Mit Aludraht befestigen Sie das Schild um den Hals (5 cm x 4 cm). Beschriften Sie es mit einem weißen Fotostift. Das Flugzeug kleben Sie mit der Heißklebepistole an der Hand des Engels fest. Nicht vergessen, die Flügel am Rücken festkleben.

Tipp

Solche Flugzeuge finden Sie im Spielwarenhandel.

Material

- Acrylfarbe in Hautfarbe, Blau und Weiß
- **Körper:** Tontopf, ø 7 cm
- **Kopf:** Holzkugel, ø 35 mm
- **Hände:** aus Holz, 18 mm lang
- **Füße:** aus Holz, 25 mm lang
- **Arme:** Biegeplüsch in Weiß, 20 cm lang
- **Beine:** Biegeplüsch in Weiß, 30 cm lang
- **Haare:** Jutegarn, natur, ø 2,5 mm
- **Engelsflügel:** Alublech
- **Heiligenschein:** Aludraht
- **Accessoires:** Flugzeug, Tonkarton in Blau, Aludraht

Vorlagenbogen A

Material

- Acrylfarbe in Hautfarbe, Rot, Gelb, Orange und Weinrot
- **Körper:** Tontopf, ø 5 cm
- **Kopf:** Holzkugel, ø 35 mm mit Bohrung
- **Hände:** aus Holz, 18 mm lang
- **Füße:** aus Holz, 25 mm lang
- **Arme:** Jutegarn, natur, ø 2,5 mm, 20 cm lang
- **Beine:** Jutegarn, natur, ø 2,5 mm, 25 cm lang
- **Haare:** Engelshaar in Weiß
- **Engelsflügel:** Faserseide in Rot
- **Heiligenschein:** Farbiger Draht in Rot
- **Aufhängung:** Satinband in Rot, 3 mm breit
- **Accessoires:**
  Haarschleife: Organzaband in Rot, 10 mm breit, 15 cm lang
  Schnürsenkel: Satinband in Rot, 2 x 3 mm breit und 10 cm lang
  Blume am Draht
  Tonkarton kariert
  Farbiger Draht in Rot

Vorlagenbogen A

Zum Geburtstag alles Gute!

Bemalen Sie den Tontopf und die Schuhe in Rot. Mit einem Pinselstiel können Sie bunte Blumen auftupfen (s. S. 5). Bemalen Sie die Holzkugel mit Hautfarbe. Nach dem Lackieren und Trocknen können Sie das Gesicht aufmalen. Bauen Sie Ihren Schutzengel gemäß der Basisanleitung zusammen. Um den Hals befestigen Sie das Schild (4,5 cm x 3,5 cm) mit Draht. Die Zacken des Schildes schneiden Sie am einfachsten mit einer Konturenschere. Befestigen Sie Hände und Füße am Juteband. An den Füßen bringen Sie die vorgefertigten Schleifen an. Kleben Sie das Engelshaar in das Kopfloch und drapieren darauf die vorgefertigte Schleife aus dem Organzaband. Jetzt noch den Heiligenschein befestigen und die Blume an die Hand des Engels kleben. Zum Schluss bringen Sie noch die Flügel an.

Clown

Bemalen Sie die beiden Tontöpfe und die Schuhe in Rot. Orangefarbene Streifen peppen die Tontöpfe auf. Mit der Heißklebepistole kleben Sie auf den größeren Tontopf den kleinen Tontopf. Auf den oberen Topf setzen Sie etwas schräg den Clownkopf und kleben ihn fest. Das Schlingenband befestigen Sie als Haarkranz am Kopf. Für das Schild schneiden Sie den Tonkarton in den ungefähren Maßen (Tonkarton, kariert 8 cm x 3,5 cm und Tonkarton in Rot ca. 7,5 cm x 3,0 cm) geschwungen aus. Runden Sie die Ecken ab und kleben Sie sie aufeinander. Nach dem Beschriften befestigen Sie die Hände aus Filz auf dem Schild und hängen es mit Draht um den Hals des Clowns. Die Füße, die Sie an den Spitzen noch mit orangefarbenen Kringeln versehen haben, befestigen Sie im Topfrand mit der Heißklebepistole. Zum Schluss kleben Sie am Rücken die Flügel aus Tonkarton fest.

Material Harlekin

- Acrylfarbe in Hautfarbe, Rot und Hellgrün
- **Körper:** 2 Tontöpfe á ø 5 cm
- **Kopf:** Holzkugel, ø 40 mm mit Bohrung
- **Hände:** Filz in Rot
- **Füße:** Schuhe aus Filz in Rot
- **Beine:** Satinband in Hellgrün, 6 mm breit, 30 cm lang
- **Engelsflügel:** Transparentpapier in Hellgrün
- **Heiligenschein:** Aludraht
- **Accessoires:**
  Filz für Mütze, Halskrause
  1 Schelle, ø 11 mm
  8 Schellen, ø 9 mm
  Satinband in Hellgrün, 3 mm breit
  Schild aus Tonkarton in Grün, 6,5 cm x 3,5 cm

Vorlagenbogen B

Harlekin

Bemalen Sie die beiden Tontöpfe je zur Hälfte mit grüner und roter Farbe. Die Holzkugel bemalen Sie mit Hautfarbe und lackieren sie. Nach dem Trocknen können Sie das Gesicht aufmalen. Den Harlekin wieder laut Basisanleitung zusammenbauen. Zwischen den beiden Tontöpfen beim Auffädeln auf die Montageschnur durch Knoten einen Abstand lassen und für jeden Topf eine Montagekugel verwenden. Bevor Sie den Kopf befestigen, vergessen Sie nicht den Kragen aufzufädeln. Für die Mütze drehen Sie ein Stück Filz zu einer engen Tüte und kleben sie mit Bastelkleber zusammen. Die Schuhe müssen Sie viermal ausschneiden und dann je zwei zusammenkleben, und zwar jeweils mit dem grünen Satinband dazwischen. Die Schellen an Mütze, Halskrause und Schuhen festnähen. Die große Schelle gehört an die Mütze. Auf dem beschrifteten Schild links oben und rechts unten die Hände aus Filz ankleben. Das Schild mit der Heißklebepistole am oberen Topf befestigen. Zum Schluss kleben Sie die Flügel an und stecken den Heiligenschein in das Loch der Holzkugel.

Tipp

Wenn Sie die Schellen nicht festnähen möchten, können Sie sie einfach ankleben. Dazu die Spitzen knapp umlegen, die Schellen dazwischen legen und mit etwas Heißkleber zusammenkleben.

Material Clown

- Acrylfarbe in Hautfarbe, Rot und Orange
- **Körper:** Tontöpfe, ø 5 cm und 7 cm
- **Kopf:** Clownkopf (Fertigteil)
- **Hände:** Filz in Rot
- **Füße:** Holzschuhe, 48 mm lang
- **Haare:** Schlingenband in Rot/Orange
- **Engelsflügel:** Tonkarton in Orange
- **Accessoires:** Tonkarton, kariert Tonkarton in Rot

Vorlagenbogen A und B

Baby Lisa

Bemalen Sie den Topf in Rosa. Mit dem Pinselstiel bringen Sie die Blumen in Weiß und Weinrot darauf an (s. S. 5). Den Topfrand bekleben Sie zuerst mit dem karierten Band. Darauf kleben Sie das Spitzenband. Malen Sie die Holzkugel mit Hautfarbe an und lackieren Sie sie. Nach dem Trocknen malen Sie das Gesicht mit dem Schnuller auf. Um den Kopf binden Sie mit einer Schleife das karierte Band als Stirnband und kleben es etwas fest. Gemäß Basisanleitung bauen Sie den Engel zusammen. An den Kordelenden befestigen Sie die Babyschuhe. Um den Hals bekommt Lisa ein Täschchen. Nach Vorlage aus Filz ausschneiden, oben 1 cm umknicken, Satinband dazwischenlegen und festkleben. Darauf kleben Sie ein passend zurechtgeschnittenes Karoband und die Perle. Das Engelshaar und den Heiligenschein im Kopfloch befestigen.
Zum Schluss noch die Flügel aus Faserseide befestigen.

Material

- Acrylfarbe in Hautfarbe, Rosa, Weiß und Weinrot
- **Körper:** Tontopf, ø 5 cm
- **Kopf:** Holzkugel, ø 40 mm mit Bohrung
- **Füße:** Babyschuhe
- **Beine:** Kordel in Weiß, 20 cm lang
- **Haare:** Engelshaar in Weiß
- **Engelsflügel:** Faserseide in Rosa
- **Heiligenschein:** Aludraht
- **Accessoires:**
  Band, kariert, 10 mm breit
  Spitzenband
  Filz in Weiß, Perle und Satinband in Weiß für das Täschchen

Vorlagenbogen A

Baby Blue

Bemalen Sie den Tontopf in Hellblau. Mit blauer Farbe beschriften Sie den Topfrand mit „Schutzengel" und dem Namen Ihres Babys. Die Ente in Gelb aufmalen. Die Holzkugel bemalen Sie mit Hautfarbe. Nach dem Trocknen malen Sie das Gesicht und den Schnuller auf. Jetzt können Sie Ihren Engel laut Basisanleitung montieren. Die Schuhe befestigen Sie an den beiden Kordelenden. Um den Hals bekommt der Engel ein Satinband, an dem der Schnuller festgeknotet wird. Schneiden Sie die Schildmütze nach Vorlage aus dem Tonkarton aus, kleben Sie sie zusammen und befestigen Sie sie am Kopf. In das Loch des Kopfes kleben Sie das Engelshaar und den Heiligenschein. Zum Schluss kleben Sie dem Schutzengel noch die Flügel auf den Rücken.

Material

- Acrylfarbe in Hautfarbe, Hellblau, Blau, Gelb und Orange
- **Körper:** Tontopf, ø 6 cm
- **Kopf:** Holzkugel, ø 40 mm mit Bohrung
- **Füße:** Babyschuhe
- **Beine:** Kordel in Weiß, 20 cm lang
- **Haare:** Engelshaar in Weiß
- **Engelsflügel:** Faserseide in Weiß
- **Heiligenschein:** Aludraht
- **Accessoires:**
  Tonkarton in Hellblau für Schildmütze
  Babyschnuller in Hellblau
  Satinband in Weiß, 3 mm breit

Vorlagenbogen A

Tipp
Babyschuhe sind als Fertigteile erhältlich.

Schutzengel Ma
Lisa

Lustige Mini-Blumenengel

Bemalen Sie die Tontöpfe, wie es Ihnen gefällt, uni oder gemustert. Sie können den Tontopf aber auch einfach natur belassen und nur lackieren. Die Holzkugeln lackieren Sie und zeichnen nach dem Trocknen das Gesicht, das Ihnen gefällt, auf. Bauen Sie die Engel gemäß der Basisanleitung zusammen und verzieren Sie sie nach Wunsch. Auf dem Bild zeigen wir Ihnen einige Varianten.

Tipp

Mini-Schutzengel eignen sich hervorragend als kleine Danke-Geschenke für Kommunion, Konfirmation oder Hochzeit. Verwenden Sie dann für die Danke-Schildchen im Fachhandel erhältliche Textstempel.

Material für einen Engel

- Verschiedene Acrylfarben
- **Körper:** Tontopf, ø 3 cm
- **Kopf:** Holzkugel, ø 23 mm mit Bohrung
- **Hände:** 2 Holzkugeln, ø 10 mm mit Bohrung
- **Füße:** 2 Holzkugeln, ø 12 mm mit Bohrung
- **Arme:** Jutegarn, natur, ø 2,5 mm, 12 cm lang
- **Beine:** Jutegarn, natur, ø 2,5 mm, 15 cm lang
- **Haare:** Blüten, Packschnur oder künstliches Tannenreisig
- **Engelsflügel:** aus Tonkarton, Faserseide oder Federn

Vorlagenbogen A und B

FC-Himmelsstürmer

Bemalen Sie den Tontopf in Gelb oder in den Farben Ihres Fußballvereins und beschriften Sie ihn dann. Die Holzkugel für den Kopf mit der aufgeklebten Nase bemalen Sie in Hautfarbe und lackieren Sie sie. Malen Sie das Gesicht auf. Das Stück Filz für die Hose kleben Sie zu einer Rolle zusammen. Schieben Sie durch die Rolle den Figurendraht für die Beine. Knicken Sie den Figurendraht zur Hälfte. In die Mitte der Rolle schneiden Sie einen etwa 3 cm langen Schlitz, durch den Sie den Figurendraht so weit herausziehen, dass Sie ihn in den Montagebügel einhängen können. Bauen Sie jetzt den Engel laut Basisanleitung zusammen. Für die Stulpen schneiden Sie zwei Stückchen Filz in Gelb oder in Ihren Vereinsfarben aus und malen mit dem schwarzen Stift Streifen auf. Beide Stulpen kleben Sie zu einer Rolle zusammen und ziehen Sie über die Beine. Die Schuhe bemalen Sie mit Schwarz und malen weiße Streifen auf.

Schutzengel
Schutzengel
Danke
Schutz-
engel

Für die Stollen setzen Sie an der Sohle Punkte mit Plusterfarbe und lassen Sie sie über Nacht trocknen. Befestigen Sie Schuhe und Hände anschließend an dem Figurendraht. Den Fußball kleben Sie mit der Heißklebepistole zwischen die Hände. Für die Haare dröseln Sie die Kordel auf, binden sie zu einem Büschel und kleben sie am Kopf fest. Biegen Sie den Aludraht für den Heiligenschein und stecken Sie ihn in das Kopfloch. Zum Schluss kleben Sie noch den aus Filz ausgeschnittenen Flügel an.

Material

- **Acrylfarbe** in Hautfarbe, Gelb, Schwarz und Weiß
- **Körper:** Tontopf, ø 7 cm
- **Kopf:** Holzkugel, ø 45 mm mit Bohrung
- **Nase:** Holzhalbkugel, ø 15 mm
- **Hände:** aus Holz, 24 mm lang
- **Kickschuhe:** Holzschuhe, 48 mm lang
- **Arme:** Figurendraht, ø 6 mm, 20 cm lang
- **Beine:** Figurendraht, ø 6 mm, 30 cm lang
- **Haare:** Kordel, ø 4 mm
- **Engelsflügel:** Filz in Schwarz
- **Heiligenschein:** Aludraht
- **Accessoires:**
  Fußball
  Filz in Schwarz für Hose, 8 cm breit x 14 cm lang
  Filz in Gelb für Stulpen, 2 x (4 cm breit x 3 cm hoch)
  Plusterfarbe in Silber

Vorlagenbogen A

Tipp
Den Fußball erhalten Sie z. B. im Spielwarenhandel.

Material

- Acrylfarbe in Hautfarbe, Hellbeige und Elfenbein
- Krakelierlack
- **Körper:** Tontopf, ø 5cm
- **Kopf:** Holzkugel, ø 35 mm mit Bohrung
- **Hände:** aus Holz, 18 mm lang
- **Arme:** Biegeplüsch in Beige, 16 cm lang
- **Beine:** Figurendraht, ø 6 mm, 20 cm lang
- **Engelsflügel:** Naturpapier in Weiß
- **Heiligenschein:** Aludraht
- **Accessoires:**

  Holzski mit Stöcken

  Mütze: Strickschlauch in Rot, 4 cm breit, 10 cm lang

  Stulpen: Strickschlauch in Rot, 2,2 cm breit, 15 cm lang

  Schal aus Wollfilz, 3 cm breit, 18 cm lang

  Kleines Serviettenmotiv für den Pullover

Vorlagenbogen A

Skifahrer

Gestalten Sie den Topf in der Krakeliertechnik. Danach ein kleines Serviettenmotiv in der Serviettentechnik aufbringen (s. S. 4f.). Die Holzkugel bemalen Sie mit Hautfarbe, lackieren sie und zeichnen nach dem Trocknen das Gesicht auf. Bemalen Sie die Handschuhe passend zum Pullover. Jetzt bauen Sie den Engel gemäß der Basisanleitung zusammen. Kleben Sie Hände und Skistöcke an. Schieben Sie über den Figurendraht die Stulpen und befestigen Sie an den Enden mit Kleber die Ski. Um den Hals binden Sie den Wollschal, die Fransen zuvor einschneiden. Die Mütze binden Sie an einem Ende zusammen und kleben sie am Kopf fest. Jetzt noch den Heiligenschein biegen und befestigen. Den Flügel beschriften und am Körper auf der Rückseite festkleben.

Ahoi, Matrose!

Bemalen Sie den Tontopf blau und weiß gestreift. Die Holzkugel in Hautfarbe bemalen und lackieren. Darauf malen Sie nach dem Trocknen das Gesicht. Kleben Sie den fertig gestalteten Kragen auf dem Tontopfboden fest. Dann den Kopf mit der Heißklebepistole befestigen. Langhaarplüsch und Mütze kleben Sie auf den Kopf auf. Formen Sie noch den Heiligenschein und bringen Sie ihn an. Für die Fahne schneiden Sie den Filz aus und beschriften ihn mit Filzstift. Die Fahne wickeln Sie um den gekürzten Schaschlikspieß und kleben sie fest. Die gesamte Fahne am Topfrand mit der Heißklebepistole ankleben. Am Rücken befestigen Sie noch die Flügel.

Material

- Acrylfarbe in Hautfarbe, Blau und Weiß
- **Körper:** Tontopf, ø 7 cm
- **Kopf:** Holzkugel, ø 45 mm mit Bohrung
- **Haare:** Langhaarplüsch in Kupfer
- **Engelsflügel:** Faserseide in Weiß
- **Heiligenschein:** Aludraht
- **Accessoires:**
  Schaschlikspieß (19 cm lang) und Filz in Weiß für die Fahne
  Filz in Blau
  Satinband in Weiß, 3 mm breit, 30 cm lang

Vorlagenbogen A und B

Kirsch-geist

Bemalen Sie den Topf in Dunkelgrün und Hellgrün so, dass eine feine Struktur entsteht. Darauf malen Sie die Kirschen. Topfrand mit schwarzem Filzstift beschriften: „Ein guter Geist für euch!". Bemalen Sie die Holzkugel mit Hautfarbe und lackieren Sie sie anschließend. Dann können Sie das Gesicht aufmalen. Kleben Sie nun Arme und Kopf am Topfboden fest. Befestigen Sie am Kopf noch Haare, Mütze und Heiligenschein. Die Flügel schneiden Sie aus Alublech aus und kleben Sie sie am Rücken fest.

Tipp

Mit diesem Flaschengeist können Sie Hochprozentiges und alles, was in Flaschen ist, ganz individuell verschenken. Einfach den kleinen Tontopf-Engel auf den Flaschenhals stecken.

Material

- Acrylfarbe in Hautfarbe, Dunkelgrün, Hellgrün und Rot
- **Körper:** Tontopf, ø 4 cm
- **Kopf:** Holzkugel, ø 30 mm mit Bohrung
- **Hände:** 2 Holzkugeln, ø 12 mm mit Bohrung
- **Arme:** Jutegarn, natur, ø 2,5 mm, 14 cm lang
- **Haare:** Naturbast
- **Engelsflügel:** Alublech
- **Accessoire:** Schildmütze in Rot

Vorlagenbogen A

Schuljunge

Bemalen Sie den Tontopf in Hellgrün, mit Gelb malen Sie das karierte Muster darauf. Die Holzkugel bemalen Sie mit Hautfarbe, lackieren sie und malen nach dem Trocknen das Gesicht auf. Jetzt setzen Sie den Schutzengel gemäß Basisanleitung zusammen. Für die Füße bemalen Sie die Kugeln zunächst grün. Dann Füße und Hände an den Biegeplüschenden festkleben. Die Streichholzschachtel bemalen Sie in Dunkelbraun und überziehen sie mit dem Filz. Schnalle und Griff kleben Sie aus hellbraunem Filz auf. Einen Signalpunkt in Hellrot mit dem Locher aus dem hellroten Tonkarton lochen und aufkleben. Den Schulranzen kleben Sie direkt am Körper fest und den Arm drapieren Sie darum. Den Bast zu einem Büschel binden und festkleben. Vergessen Sie den Heiligenschein nicht. Aus Tonkarton Schild (2 cm x 6 cm) und Flügel ausschneiden und festkleben.

Tipp

Das Schild bekommt lustige Zacken, wenn Sie hierfür eine Konturenschere verwenden.

Material

- Acrylfarbe in Hautfarbe, Hellgrün, Gelb und Dunkelbraun
- **Körper:** Tontopf, ø 7 cm
- **Kopf:** Holzkugel, ø 40 mm mit Bohrung
- **Hände:** 2 Holzkugeln, ø 15 mm mit Bohrung
- **Füße:** 2 Holzkugeln, ø 20 mm mit Bohrung
- **Arme:** Biegeplüsch in Gelb, 20 cm lang
- **Beine:** Biegeplüsch in Gelb, 30 cm lang
- **Haare:** Naturbast
- **Engelsflügel:** Tonkarton in Gelb, kariert
- **Heiligenschein:** Aludraht
- **Accessoires:**
  Streichholzschachtel
  Filz in Dunkelbraun, 5,3 cm x 13 cm
  Filz in Hellbraun
  Tonkarton in Gelb
  Tonkarton in Hellrot

Vorlagenbogen A

Schulmädchen

Bemalen Sie den Topf in Türkis. Das Schriftfeld (mit wasserfestem Stift beschriften) malen Sie in Hellblau und umranden es. Verzieren Sie den Topf mit gemalten Blüten. Die Gesichter auf den Blüten malen Sie mit einem sehr feinen wasserfesten, roten Stift. Bemalen Sie die Holzkugel mit der aufgeklebten Nase mit Hautfarbe und lackieren Sie sie. Malen Sie nun das Gesicht auf. Nach der Basisanleitung bauen Sie den Engel zusammen. Formen Sie aus Aludraht eine Brille. Nachdem Sie die Haare aus dem Plüsch geschnitten und aufgeklebt haben, können Sie die Brillenbügel unter die Haare schieben und so platzieren, dass die „Gläser" über den Augen liegen. Über die Beine stülpen Sie die Socken und kleben die in Blau und Weiß bemalten Schuhe fest.

Ich bin bei dir!
Klassenarbeit,
est, Abhören?
ch bin bei dir!
Langenscheidt

An den Schuhen befestigen Sie mit der Heißklebepistole die bereits gefertigten Schleifen. Binden Sie mit einer Schleife den Haarplüsch zu zwei Zöpfen. Das Wörterbuch kleben Sie am Topf und an der Hand fest. Vergessen Sie nicht den Heiligenschein und die ausgeschnittenen Flügel zu befestigen.

Tipp

Kleine Übersetzungswörterbücher gibt es in vielen Sprachen. Wenn Sie das Büchlein nicht festkleben wollen, können Sie auch doppelseitiges Klebeband benützen.

Material

- Acrylfarbe in Hautfarbe, Türkis, Hellblau, Weiß und Gelb
- Lackmaler extra fein in Rot
- **Körper:** Tontopf, ø 9 cm
- **Kopf:** Holzkugel, ø 50 mm mit Bohrung
- **Nase:** Holzhalbkugel, ø 15 mm
- **Hände:** aus Holz, 24 mm lang
- **Füße:** aus Holz, 40 mm lang
- **Arme:** Figurendraht, ø 6 mm, 30 cm lang
- **Beine:** Figurendraht, ø 6 mm, 40 cm lang
- **Haare:** Langhaarplüsch in Kupfer
- **Engelsflügel:** Transparentpapier in Wolke Blau
- **Heiligenschein:** Aludraht
- **Accessoires:**
  Schleifenband, 1 cm breit,
  2 x 20 cm für die Zöpfe,
  2 x 10 cm für die Schuhe
  Aludraht für das Brillengestell, 17 cm lang
  Socken: Strickschlauch in Weiß
  Mini-Lexikon, z. B. Englisch-Deutsch

Vorlagenbogen B

Engelsdose

Bemalen Sie die Spandose in Rot und setzen Sie den Rand mit Karos in Hellbeige, Hellgrün und Rot ab. Den Tontopf mit Hellgrün und Hellbeige bemalen. Die Holzkugel bemalen Sie mit Hautfarbe, lackieren sie und malen nach dem Trocknen das Gesicht auf. Kleben Sie den Tontopf mit der Heißklebepistole auf den Deckel der Schachtel. Auf den Tontopfboden kleben Sie die Arme und den Kopf. An den Armen befestigen Sie die Kugeln als Hände. Auf dem Kopf kleben Sie die Haare aus Naturbast und den Strohhut fest. Biegen Sie den Eisendraht gemäß Abbildung in Form und stecken Sie die Enden in das Loch der Hände. Am Draht befestigen Sie zwei Marienkäfer und das beschriftete Schild (7,5 cm x 3 cm). Einen Marienkäfer kleben Sie auf die Dose. Schneiden Sie die beiden Herzen aus, kleben Sie sie aufeinander und befestigen Sie sie dann am Tontopf. Zum Schluss noch die Flügel ausschneiden und ankleben.

Material Engelsdose

- Acrylfarbe in Hautfarbe, Rote, Hellgrün und Hellbeige
- **Körper:** Tontopf, ø 7 cm
- **Kopf:** Holzkugel, ø 45 mm mit Bohrung
- **Hände:** 2 Holzkugeln, ø 15 mm mit Bohrung
- **Arme:** Jutegarn, natur, ø 3,5 mm, 20 cm lang
- **Haare:** Naturbast
- **Engelsflügel:** Naturpapier
- **Accessoires:**
  Spandose, ø 8,5 cm
  Strohhut, ø 8 cm
  3 Holzmarienkäfer
  Eisendraht
  Schild aus Tonkarton
  Filz in Rot

Vorlagenbogen A und B

Für immer dein!

Bemalen Sie die beiden Töpfe in Silber und die Holzkugeln in Hautfarbe, lackieren Sie sie und malen Sie nach dem Trocknen die Gesichter darauf. Fertigen Sie nun laut Basisanleitung die Engel. Kleben Sie die Hände, die rot bemalten Füße bzw. Schuhe und die Herzen an. Befestigen Sie die Packschnur als Haare im Kopfloch. Jetzt noch die Flügel ankleben. Nun können Sie das Liebespärchen am Topfrand und am Kopf zusammenkleben. Drapieren Sie die Hände so, dass sich die beiden Engel umarmen und kleben Sie sie fest. Für den Heiligenschein formen Sie dieses Mal ein Herz aus Aludraht und befestigen es.

Tipp

Die Herzen gibt es auch als fertige Klebeherzen zu kaufen!

Material

- Acrylfarbe in Hautfarbe, Rot und Silber
- **Körper:** 2 Tontöpfe, á ø 4 cm
- **Köpfe:** 2 Holzkugeln, ø 30 mm mit Bohrung
- **Hände:** 4 Holzkugeln, ø 12 mm mit Bohrung
- **Füße:** aus Holz, 20 mm lang und 25 mm lang
- **Arme:** Kordel in Rot, 2 x 13 cm lang
- **Beine:** Kordel in Rot, 2 x 16 cm lang
- **Haare:** Paketschnur
- **Engelsflügel:** 2 x Filz in Rot
- **Heiligenschein:** Aludraht
- **Accessoires:**
  Herzen aus Filz in Rot

Vorlagenbogen A und B

Material

- Acrylfarbe in Hautfarbe, Metallic-Silber und Rosa
- **Körper:** Tontopf, ø 8 cm
- **Kopf:** Holzkugel, ø 45 mm mit Bohrung
- **Haare:** Flower Hair in Silber
- **Engelsflügel:** Faserseide in Weiß
- **Aufhängung:** Satinband in Rosa, 5 mm breit
- **Accessoires:**
  Aludraht und Filz in Rot für die Flausen
  Filz in Rot für das Herz und die Hausnummer
  Pfeil: Schaschlikspieß und Fotokarton, Grau metallic
  Füllwatte für die Wolke

Vorlagenbogen A und B

Auf Wolke 7!

Bemalen Sie den Topf in Rosa und die Holzkugel mit Hautfarbe. Nach dem Lackieren können Sie das Gesicht aufmalen. Bauen Sie den Engel laut Basisanleitung zusammen. Kürzen Sie den Schaschlikspieß auf 11,5 cm und kleben Sie die Spitze und die Federn auf den Schaschlikspieß. Den Pfeil malen Sie in Metallic-Silber an. Das Herz aus Filz ausschneiden, für den Pfeil zwei kleine Löcher schneiden und durchstecken. Mit Filzstift malen Sie die passenden Initialen auf das Herz und kleben es am Topf fest. Flower Hair und die mit je einem Herz beklebten Flausen am Kopf befestigen. Die Wolkenwatte und die „Hausnummer" am besten mit Heißkleber ankleben. Zum Schluss kleben Sie noch die Flügel am Rücken an.

M+S
7

Material

- Acrylfarbe in Hautfarbe, Metallic-Silber und Weiß
- **Körper:** Tontopf, ø 5 cm
- **Kopf:** Holzkugel, ø 35 mm mit Bohrung
- **Engelsflügel:** Fotokarton, Grau metallic
- **Aufhängung:** Satinband in Weiß
- **Accessoires:**
  Zylinder in Schwarz, ø 52 mm
  Blechschild
  Schal aus Taftband in Weiß, 25 mm breit, 20 cm lang
  Fliege aus Lurexband in Silber, 40 mm breit, 5 cm lang
  Silberdraht

Vorlagenbogen B

Prosit Neujahr!

Bemalen Sie den Topf mit Silber und Weiß. Das Revers malen Sie mit einem wasserfesten, schwarzen Stift gemäß der Abbildung auf. Die Holzkugel bemalen Sie mit Hautfarbe, lackieren sie und malen das Gesicht auf. Kleben Sie den Zylinder auf dem Kopf fest. Jetzt bauen Sie den Engel nach der Basisanleitung zusammen, wobei Sie den Montagedraht durch den Zylinder hindurchstechen. Schneiden Sie an den Enden das Taftband für den Schal ein. Legen Sie es zur Hälfte, drapieren Sie es um den Hals und kleben Sie es etwas fest. Für die Fliege legen Sie das Lurexband zu einer Rolle und kleben es zusammen (4 cm lang). Binden Sie es in der Mitte mit Silberdraht ab und kleben Sie die Fliege auf. Auf den Zylinder kleben Sie das beschriftete Blechschild (1,5 cm x 3,5 cm). Nicht vergessen, der Engel bekommt auf seinen Rücken noch die Flügel geklebt.